AF338356

QUELQUES
OBSERVATIONS

SUR LE

PROJET DE REMBOURSEMENT

DES RENTES.

Prix : 75 centimes.

PARIS,

IMPRIMERIE D'HIPPOLYTE TILLIARD,

RUE DE LA HARPE, N° 78.

1824.

OBSERVATIONS

SUR

LE REMBOURSEMENT DES RENTES.

C'EST une belle chose que les plans de finances. Ecoutez les faiseurs : le succès n'est pas douteux ; tous les avantages sont réunis ; l'Etat doit y gagner considérablement, et les particuliers ne peuvent manquer de s'enrichir ; et pourtant, par une triste fatalité, je ne sache pas qu'aucun des plans exécutés depuis nombre d'années n'ait pas produit un effet diamétralement opposé à celui qu'il devait infailliblement amener.

Il est vrai que chaque nouveau plan est toujours exempt des défauts de ceux qui l'ont précédé. Tout y est sagement combiné ; tout y est prévu ; tous les intérêts y sont ménagés à la fois. C'est ainsi que le système de remboursement ou de réduction des rentes, qui fait aujourd'hui le sujet de toutes les conversations, nous est présenté comme à la fois économique pour l'Etat et généreux pour les porteurs de rentes.

L'examen approfondi de ce plan, et des nombreuses et importantes questions qui s'y rattachent, fournirait la matière d'une longue discussion qui excèderait de beaucoup les limites que je me suis imposées. Je me bornerai simplement à examiner ce système sous trois points de vue. Le premier, sous le rapport de l'économie comparativement avec un autre mode ; le deuxième, sous le rapport de l'amortissement, et le troisième, sous celui du capital de la dette qui doit en résulter, et de la réduction du taux de l'intérêt.

Personne ne contestera, sans doute, que la diminution des charges publiques soit un des objets sur lequel doive s'exercer particulièrement la sollicitude du Gouvernement ; et, comme ce but intéresse essentiellement l'universalité des citoyens, le Gouvernement a droit de compter sur leur coopération aux mesures qui peuvent y conduire. Mais le plan proposé est-il le seul moyen d'y parvenir ? est-il le plus avantageux ? offre-t-il des moyens d'exécution plus faciles que tout autre, et plus conformes surtout aux intérêts particuliers, dont la réunion forme l'intérêt général ?

Si nous partons de la base établie par l'article inséré dans le *Moniteur* (sans toutefois rien préjuger sur la question de la distraction des rentes appartenant aux établissements publics), nous voyons que la dette payable aux particuliers se monte à 140 millions de rentes, lesquels, au moyen de la réduction proposée, se réduiront à 112 millions, ce qui procurera sur le budget une diminution annuelle de 28 millions. Nous ne nous livrerons pas à la discussion des raisonnements par lesquels on prétend établir que l'on ne fait aucun tort aux rentiers, que le Gouvernement ne doit pas être dans une position plus fâcheuse qu'un particulier, etc. etc.; nous établirons seulement comme un fait incontestable, que le rentier, qui avait 5 francs de rente, n'en aura plus que 4, et que, par conséquent, il éprouvera une diminution d'un cinquième sur son revenu. Sous ce seul rapport, si le projet est avantageux comme économie générale, il ne l'est pas aux particuliers. Or, s'il existe un moyen de diminuer les charges de l'Etat qui ne soit onéreux ni pour l'Etat ni pour les particuliers, n'est-il pas raisonnable de le choisir de préférence à tout autre ? Eh bien ! il existe ce moyen; il n'exige ni le concours de banquiers, qui ne donnent rien pour rien, ni la nécessité d'imposer des privations rigoureuses à une classe nombreuse déjà plusieurs fois victime des bouleversements des révolutions et des plans de finances.

Ce moyen, que l'on regarde comme spécieux, mais que l'on déclare ne pouvoir soutenir l'examen, sans toutefois le prouver, c'est l'extinction des rentes amorties, qui s'élèvent à 33 millions, et auxquelles on pourrait même ajouter une partie des 40 millions annuellement imposés pour la dotation de la caisse d'Amortissement. Si nous considérons ce projet sous le rapport de l'économie, il est hors de doute que 33 millions, pour ne parler que des rentes amorties, valent mieux que 28, et que, par conséquent, il y a avantage pour l'Etat; on conviendra, j'espère, que les particuliers y trouveront mieux leur compte, excepté toutefois les banquiers, qui comptent bien, au moyen de l'agiotage que fera naître le projet de réduction, augmenter encore leur fortune de quelques millions.

Quels sont donc les motifs qui s'opposent à son adoption ? « Les emprunts du Gouverne-
» ment, vous dit-on, ont été contractés sous
» l'empire d'une législation qui consacre l'a-
» mortissement annuel. Les prêteurs ont assis
» leurs calculs sur cette disposition, et il y au-

» rait déception à leur égard si l'on changeait
» de système. Les rachats journaliers de la
» caisse d'Amortissement servent à recueillir
» sur le marché les portions de rente dont les
» détenteurs sont plus pressés de vendre, et
» si ce débouché ne leur était pas ouvert, il
» pourrait en advenir de temps en temps une
» baisse inattendue et dangereuse.

» L'amortissement n'a pas seulement été
» institué en vue de son effet journalier; mais
» dans un but plus important, quoique plus
» éloigné, celui d'éteindre finalement toute la
» dette mobile, par la puissance de l'intérêt
» composé. Si l'on objecte qu'un pareil ré-
» sultat ne sera jamais atteint, c'est un motif
» de plus pour conserver l'amortissement.

» Il faut bien se garder de toucher à l'in-
» stitution de la caisse d'Amortissement. C'est
» la sauvegarde sous laquelle ont été mis
» tous les emprunts depuis 1814; c'est la
» pierre fondamentale du crédit public. »

Tous ces raisonnements sont établis sur
l'hypothèse que l'on éteindrait les 33 millions
de rentes amorties, et qu'on supprimerait en
même temps la dotation de la caisse d'amortissement; mais puisque le projet ne doit pro-
curer que 28 millions d'économie et qu'on s'en

contente, à plus forte raison doit-on en avoir assez des 33 millions, et rien alors n'empêche que l'amortissement continue, si on le juge convenable. Ainsi, dans cet état de choses, toutes les raisons qu'on vient de rapporter s'évanouissent complétement : nous y ferons néanmoins une courte réponse.

On a sans doute créé la caisse d'Amortissement pour rassurer les capitalistes qui ont fourni aux emprunts ; mais jamais on ne s'est engagé à laisser à la charge de l'État les rentes amorties , jusqu'à libération entière, et l'on peut consulter à cet égard les discussions, les lois et ordonnances relatives à ce sujet. Aucun d'eux n'imaginerait de se plaindre aujourd'hui que l'on brûlât les 33,000,000 de rentes amorties, puisque cette opération serait la meilleure garantie que cette portion considérable de la dette ne serait pas remise en circulation. On parle de déception; ah! loin de nous la pensée de nous servir d'un pareil terme ! Mais, nous le demandons, les porteurs du dernier emprunt, qui n'est pas encore écoulé, s'imaginaient-ils qu'avant d'avoir reçu les inscriptions qu'ils ont achetées, dans la ferme croyance de jouir de leur montant intégral, ces inscriptions seraient réduites d'un cinquième?

S'attendaient-ils à une pareille réduction, tous ceux en faveur desquels le Gouvernement a proposé les lois des grands livres supplémentaires, et des inscriptions de 10 francs; lois qui n'avaient pour but que d'engager les plus petites fortunes à s'intéresser dans la dette publique.

Mais continuons. «En faisant recommencer » la caisse d'Amortissement, nous dit-on, » vous vous privez de l'avantage de voir dé- » croître rapidement la dette, par les progrès » de l'intérêt composé. »

S'il s'agissait d'un particulier qui prête à un étranger à intérêt composé, et qui par conséquent profite véritablement de cet accroissement, il y aurait quelque fondement dans cette objection, qui au reste ne me paraîtrait pas suffisante pour faire écarter le mode d'extinction. Mais l'État est identique avec les citoyens. Ce n'est pas une personne séparée, et ce sont par conséquent les mêmes individus qui fournissent le capital et qui paient les intérêts; d'où il résulte que profiter du progrès de l'intérêt composé ne signifie pas autre chose, dans ce cas, sinon qu'en payant plus chaque année, nous serons plus tôt libérés.

Or, quelle nécessité si pressante y a-t-il

que la génération présente, encore toute meur-
trie des charges de toute espèce qu'elle a eu
à supporter, continue à s'accabler pour ac-
quitter bien vite toutes les dettes contractées
depuis un temps considérable, afin de léguer
à la génération suivante la possibilité de faire
de nouvelles dettes sans obstacles?

« Mais enfin, objecte-t-on encore, vous ré-
» duisez les moyens de la caisse d'Amortis-
» sement, au moment où elle se trouve obligée
» de racheter à perte, et son action deviendra
» tellement lente, qu'elle sera inutile. »

Si la caisse d'Amortissement rachète au-
dessus du prix, c'est que les rentes seront en
faveur, et dès lors vos raisonnements sur la
nécessité où l'on est de les soutenir pour remplir les engagements contractés avec les prêteurs tombent d'eux-mêmes.

Si la rente baisse au-dessous du cours, la
caisse reprend son activité, vous rachetez avec
avantage ; et certes, en supposant que pendant
les dix années qui vont suivre, la caisse n'a-
chète, terme moyen, qu'au pair, elle aurait
encore, dans l'espace de ces dix années,
amorti 30 millions ; et j'avoue que moi, qui ne
suis pas pressé, j'aurais la bonhomie de me
contenter de ce résultat.

On insiste fortement sur ce que le Gouvernement ne doit pas racheter les rentes au-dessus du pair; on nous parle en même temps de la nécessité absolue de conserver l'amortissement. On serait donc fondé à croire que le nouveau système va, sous ce rapport, présenter quelques avantages. C'est ce que nous allons examiner.

Nous ne considèrerons ici l'amortissement que sous le rapport de l'extinction des charges annuelles du budget, ou des rentes, abstraction faite du capital qu'elles peuvent représenter, attendu le que capital nous fournira ensuite la matière d'un examen particulier.

Notre tâche sera facile, car nous n'avons à présenter que des faits matériels, qui reposent sur un calcul simple, que tout le monde est à portée de faire. Nous supposons toujours que la somme des rentes à convertir ou à rembourser est de 140,000,000.

Pour amortir cette somme au pair, c'est-à-dire à raison de 100 fr. pour 5 fr. de rentes, il en coûterait. . . . . 2,800,000,000.

    A 101 fr. . . . . 2,828,000,000.

    A 102 fr. . . . . 2,856,000,000.

    A 103 fr. . . . . 2,884,000,000.

Ces 140 millions étant réduits d'un cinquième par la conversion en trois pour cent à soixante - quinze , ne représenteraient plus que 112,000,000, qui, pour les amortir, exigeraient, au taux primitif de 75 fr. pour 3 fr.

. . . . 2,800,000,000.

A 76. . . . . 2,837,333,333.

A 77. . . . . 2,874,666,666.

A 78. . . . . 2,912,000,000.

Je ne pousserai pas plus loin ce parallèle, que j'aurais pu arrêter au cours comparatif des cinq pour cent à cent un, et des trois pour cent à soixante-seize. Cependant tout nous annonce que les trois pour cent hausseront considérablement, et nous verrons plus bas si c'est un avantage; qu'on juge donc de la perte énorme que fera l'amortissement, puisque dès que le cours sera seulement à soixante-seize, il coûtera plus que les cinq pour cent à cent un.

Mais vous êtes tout-à-fait hors de la question, va s'écrier un des millionaires qui trouvent l'opération très utile, puisqu'elle doit leur rapporter encore quelques millions; vous êtes dans l'erreur, car votre comparaison n'est pas applicable au cas actuel; le capital des cinq pour cent est 100 francs; ainsi, quand on paie cent un francs pour le racheter on est en perte;

mais le capital de trois pour cent étant
aussi 100 francs, il est évident que vous rachetez au-dessous du pair, tant que le cours
n'est pas à 100 francs : ainsi toute la différence au-dessous de ce taux sera un véritable
bénéfice pour l'amortissement.

C'est en répondant à cette assertion, que
nous allons voir tomber le masque de générosité et d'économie dont on couvre le projet
de remboursement.

Le capital de 140,000,000 de rentes, à cinq
pour cent, est de 2,800,000,000 fr. : c'est là tout
ce que l'État doit, et tout ce qu'on peut exiger
de lui. Pour en effectuer le remboursement,
on veut émettre 112,000,000 de rentes à 75 fr.
pour 3 fr.; ce qui représente exactement en capital les 2,800,000,000. Mais je ne ferai certes
pas d'injure à MM. les banquiers, en affirmant
qu'ils n'offrent pas leurs fonds au Gouvernement uniquement pour le plaisir de l'obliger.
Or, si les compagnies qui s'engagent à fournir
tout l'argent qu'on demande ne recevaient du
Gouvernement que précisément ce qu'elles lui
donneraient, où serait leur intérêt? Le voici :
c'est qu'en émettant une inscription de trois
pour cent pour soixante-quinze, l'État se re-
connaîtra débiteur de 100 fr., que par con-

séquent là où il ne devait que 100 fr., il devra 133 fr. 33 c., et qu'au lieu du capital de 2,800,000,000, il sera grevé d'une dette de 3,733,333,333 fr., ce qui ne fait guère qu'un milliard de différence ! C'est au moyen de cette augmentation de valeurs, si largement accordée, que l'on espère faire hausser les inscriptions dont le débouché à un taux élevé réalisera aux spéculateurs des bénéfices énormes, qui seront payés par les véritables rentiers.

Et voilà ce qu'on appelle un plan *généreux* pour les particuliers, qui voient leur revenu diminuer d'un cinquième, *économique* pour l'Etat, qui augmente le capital de sa dette d'un milliard, pour obtenir une diminution de charges de 28 millions !

Mais, répondra-t-on, qu'importe l'accroissement du capital, si on ne le rembourse pas?

Premièrement, il s'ensuivrait de ce principe que l'Etat pourrait sans inconvénients se déclarer débiteur de 10 milliards à raison d'un pour cent, et je laisse à tirer les conséquences qui résulteraient de cette assertion.

Mais comment qualifiera-t-on l'amortissement, *dont il faut tant se garder d'affaiblir les ressources,* si ce n'est pas un

remboursement réel ; et à quel taux se fera-
t-il, ce remboursement, lorsque, comme on
nous le dit : « le taux de trois pour cent, qui
» d'abord ne va être que nominal, deviendra
» progressivement le taux réel de l'intérêt, à
» mesure que le cours des nouvelles rentes
» approchera du pair, c'est-à-dire du prix de
» 100 fr.? »

Admettons ici que les trois pour cent s'é-
lèvent seulement à 90 fr.; alors les compagnies
contractantes revendront à 90 fr. ce que le
Gouvernement leur donne pour 75 fr., et c'est
pour leur assurer ce bénéfice, que l'on insiste
si fortement sur la nécessité de conserver
l'amortissement avec toutes ses ressources ac-
tuelles; en sorte que c'est le Gouvernement
lui-même, intéressé à racheter ses créances,
au moins sans désavantage, qui va contribuer
de tous ses moyens à payer au taux le plus
rapproché de 100 fr. ce qu'il donne pour 75 fr.
Et voilà ce qu'on appelle racheter au-dessous
du pair!

« Mais ce qu'il y a de particulièrement
« avantageux dans le projet, c'est la réduc-
« tion du taux de l'intérêt. »

Cette réduction ne sera pas plus réelle que
le reste : il est facile de le démontrer. J'ai

supposé tout à l'heure le cours de trois pour cent à quatre-vingt-dix ; je suppose maintenant qu'il ne s'élève qu'à quatre-vingt. Il est bien clair que celui qui revendra 80 fr. ce qu'il aura eu pour 75 fr., gagnera dans un très court espace de tems 5 fr. sur 75, c'est-à-dire que dans cette modeste hypothèse, les prêteurs qui n'achètent que pour revendre auront placé à plus de six et demi, tandis que les acheteurs véritables, ou rentiers, ne recevront que quatre dans le cas le plus favorable, et que trois ou trois et demi en supposant qu'ils achètent des compagnies (*). Or, ces compagnies qui accumulent, qui attirent à elles de toutes parts les capitaux, croyez-vous qu'elles consentiront à les donner à l'agriculture, au

---

(*) On ne manquera pas d'objecter ici que tous les porteurs d'inscriptions pourront profiter de la hausse, et, par conséquent, augmenter leur capital réel, et faire le même bénéfice que les compagnies. Mais si tous les rentiers voulaient réaliser, il est indubitable que les nouvelles rentes tomberaient au-dessous de 75. En supposant même qu'ils pussent vendre à bénéfice, ce bénéfice ne serait réel qu'autant qu'une baisse leur permettrait de replacer avec avantage. Or, si cette baisse arrive, que devient votre plan ; si elle n'arrive pas, la générosité envers les rentiers se réduit à la diminution du 5e de leur revenu.

commerce, ou à l'industrie, à un taux modéré, tant que les gouvernements leur procureront le moyen d'en tirer six, sept, huit, dix, peut-être vingt pour cent ?

Chose étrange ! D'un côté on vous déclare que les capitaux abondent sur toutes les places de l'Europe, qu'on peut les obtenir à deux et trois pour cent, et de l'autre on affirme que l'agriculture et l'industrie ne peuvent pourtant les obtenir qu'à un taux onéreux, à cause de la préférence donnée aux fonds publics. On en conclut qu'en réduisant l'intérêt, l'opération aura pour *heureux résultat* de refouler les capitaux sur l'agriculture, etc., c'est-à-dire d'écarter des fonds publics les mêmes capitaux qui refoulent maintenant sur eux. Mais pour que l'intérêt diminue, il faut que les fonds haussent ; et comment hausseront-ils si les capitaux s'en éloignent pour prendre une autre direction ?

Voulez-vous véritablement réduire le taux de l'intérêt ? voulez-vous voir les capitaux se porter sur des entreprises utiles ? Cessez de faire des opérations financières ; cessez d'attirer continuellement à vous ces capitaux, en présentant un appât à l'avidité de ces capitalistes que tous les trésors de l'Europe ne pourraient rassasier ! Fondez le crédit public sur l'exactitude scrupuleuse à remplir vos engagements ; sur la diminution effective de la dette, et non sur la hausse éphémère et factice de l'agiotage. Combinez votre amortissement de manière à ce que, s'arrêtant aussitôt que les fonds sont au-dessus du pair, il profite avec vigueur des circonstances qui pourraient ramener ces fonds au-dessous, ou seulement au pair ; alors, et seulement alors, vous pourrez vous vanter d'avoir obtenu d'heureux résultats, et les intérêts particuliers et la morale publique y gagneront. Que font, en effet, tous ces plans si habilement conçus et toujours renouvelés, si ce n'est de donner un aliment sans cesse renaissant à ce fléau des familles, à ce jeu que les tribunaux ont pu flétrir sans pouvoir le réprimer. Sans remonter aux désastres des années antérieures, qu'on se rappelle le scandale des nombreuses banqueroutes qui tout récemment ont désolé la capitale, et qu'on ose affirmer que nous n'allons pas le voir se renouveler d'une manière plus effrayante encore. Qui peut prévoir ce qui résultera de l'agiotage effréné qui va s'établir forcément, et dont les suites infaillibles seront la ruine d'un grand nombre de familles?

Qui peut répondre que lorsque cet agiotage aura produit une hausse qui ne sera appuyée sur rien, cette hausse ne sera pas suivie d'une baisse subite, que peut faire naître la moindre circonstance, même imaginaire, et dont les effets seraient incalculables ?

C'est un malheur de notre temps, que, dans certaines conjonctures, les gouvernements sont à la merci des banquiers. Servons-nous-en donc, s'il le faut, lorsque la nécessité l'exige impérieusement; mais ne faisons pas naître inutilement les occasions de les employer ; leurs services sont trop chers, et surtout trop dangereux.

Je me résume, et j'établis comme des faits que je crois suffisamment démontrés :

1° Que le plan proposé est contraire aux intérêts particuliers, puisque son seul effet réel sera de diminuer d'un cinquième le revenu des rentiers véritables, qu'il ne faut pas confondre avec les spéculateurs à la hausse et à la baisse ;

2° Qu'il est contraire à l'intérêt général, puisqu'il grève l'État d'un milliard de plus en capital, pour obtenir une diminution annuelle de 28 millions seulement ;

3° Qu'il est également désavantageux sous

le rapport de l'amortissement, qui, dès le cours de 76, aura lieu à un taux plus élevé qu'il ne serait maintenant à 101;

4° Qu'en conséquence, il n'est ni économique ni généreux;

5° Qu'au contraire, la simple extinction des 33 millions de rentes amorties présente une diminution bien réelle, qui n'est balancée par aucun accroissement de charges, qui tend à consolider le crédit public en ôtant toute possibilité de remettre ces rentes en circulation, qui ne présente aucune chance de secousse désastreuse, et qui se concilie à la fois avec l'intérêt général et particulier.

P. S. Au moment où cet écrit va être livré à l'impression, nous croyons ne pouvoir mieux le terminer qu'en offrant aux méditations du public les faits suivants qui ont eu lieu ces derniers jours.

Le bureau des transferts ne désemplit pas, et on y est à la queue, ce qui prouve qu'il y a beaucoup de vendeurs. On objectera sans doute que s'il y a beaucoup de vendeurs il y a aussi des acheteurs; cela est vrai, mais les vendeurs sont les rentiers, et les acheteurs sont l'amortissement et les joueurs.

L'or qui était il y a deux jours à 3 fr., est monté tout à coup à 6, parce que chaque vendeur veut réaliser en espèces.

Pour contrebalancer ces deux faits, qui ne prouvent pas que la confiance soit grande, la Banque a refusé de payer en billets, et ne paie plus qu'en écus, dans le double but sans doute de prouver qu'on regorge d'argent, et d'empêcher de vendre par la crainte d'être obligé de retirer chez soi, ostensiblement, de fortes sommes d'argent.

Paris, 31 mars 1824.

FIN.